¿POR QUÉ COME LA GENTE?

Kate Needham

Diseñado por Lindy Dark y Non Figg
Ilustrado por Annabel Spenceley y Kuo Kang Chen
Asesores: Dr. Frank Slattery y Valerie Micheau
Traducido por Martha B. Larese Roja

CONTENIDO

¿Por qué necesitas comida?

Tu cuerpo es como una máquina que siempre está funcionando. Aun cuando duermes, tu corazón late, tus pulmones respiran y tu cerebro trabaja. La comida es el combustible que necesitan tus órganos para funcionar. Sin ella, se retrasarían hasta finalmente dejar de trabajar.

Una barra de chocolate te da la energía suficiente para caminar una hora.

Las personas necesitan comida, como los autos requieren combustible.

Una manzana te da la energía necesaria para pedalear seis minutos.

Creciendo grande y fuerte

A veces te dicen que debes comer ciertas cosas para crecer fuerte y grande. Es verdad, ya que todo cuerpo está formado por los buenos ingredientes de la comida que ingieres.

Tu cuerpo crece en forma constante hasta aproximadamente los 18 años.

Mídete todos los meses para comprobar cuánto creces.

A veces, cuando no has comido, te sientes débil. Es porque tu cuerpo se está quedando sin energía.

Los niños que no tienen suficiente comida dejan de crecer. Se vuelven delgados y débiles, y se enferman más fácilmente.

Demasiado

Si comes más de lo que tu cuerpo
necesita, lo almacenarás como grasa,
lo que te hará más pesado y más lento.

Algunas personas
quieren ser grandes
y pesadas, así
que comen
mucho a propósito.
Los luchadores
de sumo, por
ejemplo,
necesitan ser
pesados para pelear.

Los luchadores
de sumo
son así.

Reparación

Los buenos ingredientes que consu-
mas ayudan a tu cuerpo a repararse si
se daña. También contribuyen a mejo-
rarte cuando estás enfermo.

Cuando te cortas,
la comida
ayuda a que la herida
cicatrice rápidamente.

Agua

El agua mantiene húmedo tu
cuerpo y hace fluir la sangre
en él. Sin agua, tu cuerpo
se secaría y dejaría
de funcionar.

Puedes sobrevivir varias
semanas sin comer, pero
sólo unos pocos días
sin agua.

Cargar y descargar el pan
de un horno es un trabajo
que produce calor y sed.

Los sobrevivientes de un
naufragio mueren generalmente
de sed y no de hambre, ya que
no pueden beber agua de mar.

Los que trabajan en
lugares calurosos,
como los panaderos,
necesitan beber más
porque pierden
mucha agua
al transpirar.

¿De qué está hecha la comida?

Cada cosa que comes está formada por gran cantidad de diferentes nutrientes. Son los buenos ingredientes que mantienen funcionando tu cuerpo: proteínas, carbohidratos y grasas. Cada uno ayuda a realizar un trabajo especial.

Proteínas

Las proteínas son como bloques de construcción. Tu cuerpo las usa para crecer y repararse. Distintas partes de tu cuerpo necesitan diferentes proteínas.

Las mujeres embarazadas necesitan más proteínas para que su bebé crezca.

La lecha materna contiene proteínas especiales.

Las proteínas desarrollan tus músculos y te hacen crecer el cabello.

Los adolescentes usan muchas proteínas porque están creciendo.

La carne, los huevos, el pescado y el queso tienen muchas proteínas.

Carbohidratos

Los carbohidratos te dan la
energía que necesitas
para correr, hablar,
pensar e incluso
para leer este libro.

Obtienes mucha energía
de las cosas dulces, pero
no dura mucho tiempo.
La que te dan las pastas,
los cereales y el pan
es mejor porque dura
mucho más.

El pan, los cereales,
las pastas y las tortas
contienen muchos
carbohidratos.

Los alpinistas siempre llevan
una barra de chocolate por si
necesitan energía extra
en una emergencia.

Los deportistas necesitan
carbohidratos para obtener
más energía.

Grasas

La grasa también te da
energía, pero si tu cuerpo
no la necesita de inmediato,
se almacena formando una
capa a su alrededor, que
actúa como una prenda de
vestir, te protege
y te abriga.

La manteca, el aceite
y la margarina son casi
pura grasa.

La grasa almacenada en tu trasero
actúa como un almohadón y te
permite sentarte más cómodamente.

¿Qué más hay en la comida?

Los alimentos también tienen pequeñas cantidades de otros nutrientes; se llaman vitaminas y minerales.

¿Qué hacen las vitaminas?

Las vitaminas son como pequeñas obreras que ayudan a otros nutrientes en su trabajo. Hay unas 20 clases diferentes, y se nombran con letras del alfabeto.

Este cuadro indica qué hacen algunas vitaminas y dónde se encuentran.

A B C D

A

La vitamina A te ayuda a ver en la oscuridad.

Se encuentra en el hígado, la yema de huevo, las zanahorias y la leche entera.

B

Hay muchas clases de vitaminas B y cada una realiza un trabajo distinto.

Los cereales, los productos lácteos y la carne las contienen.

C

La vitamina C es buena para la salud y el restablecimiento de tu cuerpo.

Las frutas y los vegetales contienen vitamina C.

D

La vitamina D fortalece tus huesos y dientes.

Los huevos, el pescado y la manteca tienen vitamina D.

Los marineros suelen contraer escorbuto, una enfermedad que impide que las heridas cicatricen. Permanecen en el mar durante meses sin comer frutas o vegetales frescos, no obtienen vitamina C y por eso sufren esa enfermedad.

Tu cuerpo puede fabricar vitamina D usando la luz solar. Las personas que viven en países con poco sol necesitan ingerir más alimentos con vitamina D.

¿Qué son los minerales?

Los minerales son nutrientes que las plantas obtienen del suelo. Cuando las comes, te los pasan. Hay unas 15 clases distintas, como sal, calcio, hierro.

El agua contiene muchos minerales.

El hígado, la carne y la espinaca contienen pequeñas cantidades de hierro que tu sangre necesita.

La leche, el queso y el yogur contienen calcio, que sirve para fortalecer tus huesos y tus dientes.

¿Qué es la fibra?

La fibra es un pequeño trozo de comida que no digieres. Ayuda a transportar los alimentos por tu cuerpo y a expulsar los residuos.

El pan negro, los cereales y los vegetales contienen mucha fibra.

Si no comes suficiente fibra, sufrirás constipación y no podrás ir al baño durante mucho tiempo.

¿Qué es lo que comes?

Anota todo lo que has comido y bebido en tu última comida principal. Averigua qué nutrientes contiene. Usa las dos últimas páginas como ayuda.

pollo asado	proteínas
papas	carbohidratos
	vitamina C
arvejas y zanahorias	vitamina A
	vitamina C
	fibra
frutillas	vitamina C
helado	nada particularmente bueno

¿Cuántas cosas buenas has comido?
¿Te faltó algo? Algunas cosas, como el helado, pueden no tener ninguna cosa realmente buena en ellas (mira la página 16).

¿Adónde va la comida?

Cuando comes, los alimentos comienzan un largo viaje a través de tu cuerpo, que dura unos 3 días. Recorren un largo conducto llamado tubo digestivo, que comienza en la boca y termina en el recto.

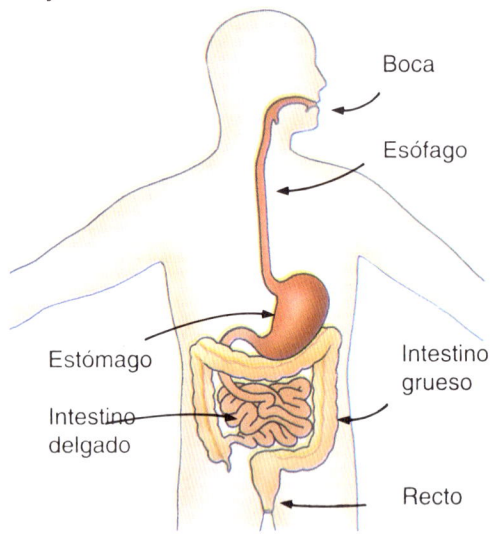

Boca

Esófago

Estómago

Intestino grueso

Intestino delgado

Recto

Las partes del tubo digestivo procesan los alimentos y les agregan jugos que contienen sustancias químicas. La comida queda dividida en trozos muy pequeños que son absorbidos por la sangre. Este viaje se llama digestión.

El viaje de los alimentos

En esta lámina, el camino representa el tubo digestivo y los hombres muestran qué pasa con los alimentos.

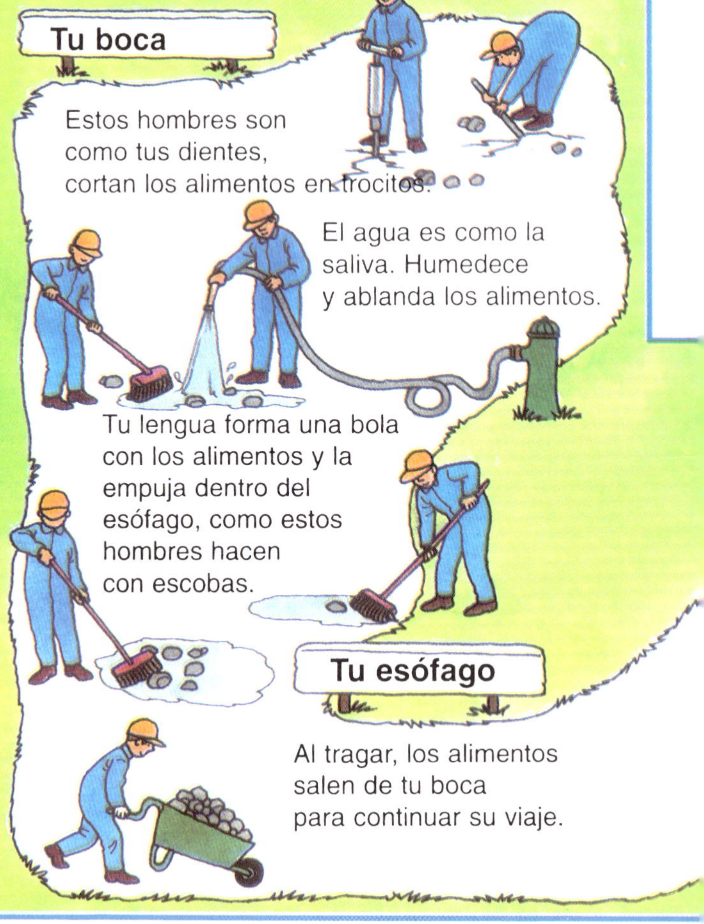

Tu boca

Estos hombres son como tus dientes, cortan los alimentos en trocitos.

El agua es como la saliva. Humedece y ablanda los alimentos.

Tu lengua forma una bola con los alimentos y la empuja dentro del esófago, como estos hombres hacen con escobas.

Tu esófago

Al tragar, los alimentos salen de tu boca para continuar su viaje.

¿Cuánto debes masticar?

Cuanto más pequeños son los trozos de alimentos que introduces en tu boca, más fácil será el trabajo de tu estómago. Las carnes duras o los alimentos con mucha fibra necesitan masticarse más. Come un bocado de manzana y luego uno de queso. Cuenta cuántas veces debes masticar cada uno de ellos antes de tragarlos.

¿Qué te hace atorar?

El esófago está al lado de la tráquea (el tubo a través del cual respiras). Cuando tragas, tu tráquea se cierra para evitar que le entre comida.

Pero, si no se cierra a tiempo, los alimentos bajan por el conducto equivocado. Esto hace que te atores y que, generalmente, envíes la comida hacia arriba otra vez.

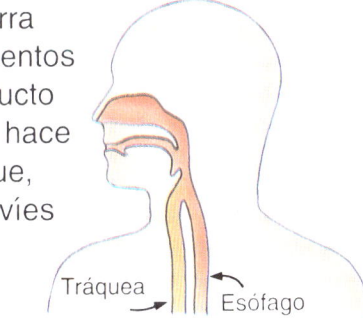

Tráquea   Esófago

Los alimentos llegan a tu estómago después de atravesar un tubo llamado esófago, que los va empujando.

Tu estómago

Tu estómago es como una gran mezcladora. Agita y revuelve los alimentos hasta que parecen sopa.

Hacia tus intestinos

Tu estómago se estira para contener comida suficiente como para durar varias horas. En la página siguiente, mostramos qué pasa en los intestinos cuando la comida llega hasta allí.

Cosas buenas y desperdicios

Después de unas 3 horas, la mezcla acuosa de tu estómago se mueve hacia tus intestinos. Allí, las partes buenas de los alimentos son llevadas a la sangre (ésta los absorbe). Los residuos avanzan hasta abandonar tu cuerpo: es la parte más larga del viaje.

Cómo lo bueno es absorbido

Las paredes del intestino delgado son tan finas que los nutrientes pueden atravesarlas.

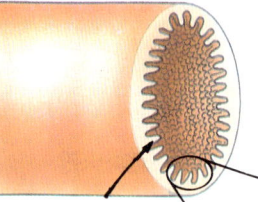

Los nutrientes van a tu sangre y son llevados a todo tu cuerpo.

nutrientes

desperdicios

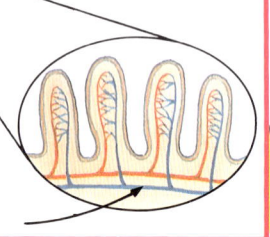

Pequeños dobleces sobresalen de las paredes del intestino delgado.
La sangre fluye en ellos, lista para llevar los nutrientes.

Tu intestino delgado

Los alimentos llegan al intestino delgado, que es un tubo muy largo y enrollado.

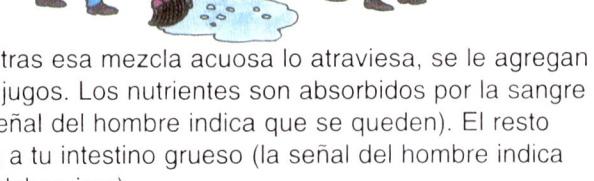

Mientras esa mezcla acuosa lo atraviesa, se le agregan más jugos. Los nutrientes son absorbidos por la sangre (la señal del hombre indica que se queden). El resto pasa a tu intestino grueso (la señal del hombre indica que deben irse).

Tu intestino grueso

El intestino grueso es más gordo que el intestino delgado pero no tan largo.

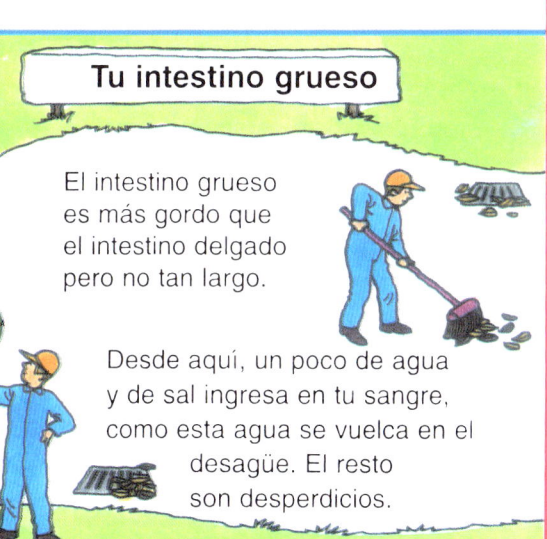

Desde aquí, un poco de agua y de sal ingresa en tu sangre, como esta agua se vuelca en el desagüe. El resto son desperdicios.

Librándose de los residuos

Los residuos del intestino grueso son sólidos. Llegan hasta el recto y de allí son expulsados cuando vas al baño.

Los residuos de agua se convierten en orina en tus riñones. Se almacenan en tu vejiga hasta que haces pis.

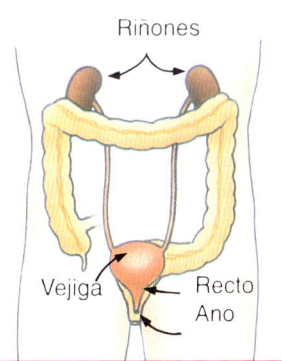

Riñones

Vejiga

Recto
Ano

¿Qué te hace eructar?

Al comer, sueles tragar aire con tus alimentos. A veces tu cuerpo envía de vuelta el aire a través de tu boca. Esto es un eructo.

¡BERP!

Cuando comes apurado, tragas mucho aire, lo que usualmente te hará eructar.

Comida venenosa

Si comes alimentos en mal estado, tu cuerpo tratará de librarse de ellos rápidamente.

Los músculos de tu estómago los empujarán hacia el esófago otra vez, y sentirás ganas de vomitar.

A veces recorren rápidamente el tubo digestivo y salen por el otro extremo como diarrea.

Comida fresca

Tu comida también es el alimento de pequeñísimos seres vivos llamados microbios, que pueden hacer que ella se descomponga en pocos días. Si quieres conservarla, no debes permitir que los microbios lleguen hasta ella. Les gusta el calor, la humedad y el aire, así que los alimentos que se guardan en lugares frescos, secos y sin aire duran más.

Comida congelada

Enfriando la comida, se retardan los microbios. Congelándose, se paran totalmente. Hoy la comida puede conservarse en heladeras o congeladoras hasta que se la necesite.

Durante siglos se usaron sótanos fríos para guardar alimentos.

El frío no mata los microbios, así que debes comer rápidamente los alimentos cuando los descongelas.

Sin aire

Hoy, muchos alimentos vienen envasados al vacío. Esto significa que todo el aire ha sido extraído del paquete. Las botellas y las latas tampoco tienen aire.

Envasado al vacío
Maníes

Comida deshidratada

Al deshidratar alimentos, se les extrae la humedad: los microbios no se multiplican.

Las uvas se deshidratan para hacer sultanas, pasas de uva y pasas de Corinto.

Ahora existen alimentos congelados y deshidratados al mismo tiempo para sacarles la humedad. Para comerlos, debes agregarles agua.

Los astronautas usan alimentos deshidratados-congelados. Son livianos y ocupan poco lugar.

Calentando comida

La cocción, la esterilización y la pasteurización son distintas formas de matar los microbios, con calor.

La comida esterilizada ha sido calentada con temperaturas muy elevadas para matar todos los microbios. Dura mucho tiempo.

Vinagre en encurtidos

Azúcar en el dulce

Sal en el tocino

La comida en lata y en botella está esterilizada.

Preservador: ácido benzoico

La leche pasteurizada ha sido calentada para matar los microbios peligrosos. Dura algunos días.

Antes de la pasteurización, las vacas eran ordeñadas en las puertas de las casas.

La comida conservada pierde nutrientes, sobre todo vitaminas. Por eso es mejor comerla fresca.

Preservadores

Son sustancias químicas que permiten que los alimentos duren. Los naturales (azúcar, sal y vinagre) se han usado durante siglos.

Mira las etiquetas de las latas para ver qué otras sustancias químicas se usan como preservadores.

Alimentos de lugares lejanos

Los alimentos ahora pueden conservarse frescos durante tanto tiempo, que los negocios exhiben frutas de todas partes del mundo. Ellas llegan en barcos refrigerados.

La próxima vez que vayas al mercado, fíjate si dice de dónde provienen las frutas que veas.

Ananás

Mangos

Banana

Granadas

"Lychees"

13

¿Qué te produce apetito?

Cuando tu cuerpo necesita alimentos, avisa a tu cerebro enviándole un mensaje. Entonces, buscas algo para comer.

A veces, ver u oler la comida que te gusta te despertará el apetito, aunque tu cuerpo no necesite alimentos.

La nariz huele la comida

Los ojos ven la comida.

El olor de la comida te dice si es buena o mala y si te gusta o no.

Pensar en la comida también puede darte apetito.

El estómago está vacío.

¿Qué "hace agua" tu boca?

Cuando ves o hueles comida que te gusta, tu cuerpo se prepara para comer. Quizás sientas agua en tu boca. Es la saliva, el jugo que ella produce para mezclar tu comida.

La saliva colgando de la boca de un perro indica que quiere comer.

Ruido de estómago

A veces, cuando tu estómago está listo para recibir comida, produce ruidos. Esto ocurre cuando el aire y los jugos digestivos se mueven en su interior.

Saborear la comida

Puedes decir si una comida te agrada o no por el gusto que tiene. Usas tu lengua para conocer el sabor de los alimentos. Está cubierta de pequeños bultitos llamados papilas gustativas.

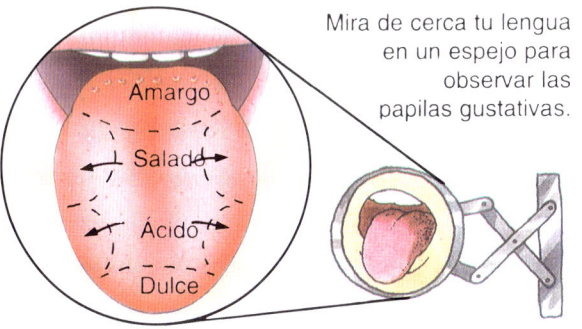

Mira de cerca tu lengua en un espejo para observar las papilas gustativas.

Hay cuatro tipos de papilas gustativas. Cada una reconoce una clase diferente de sabor: salado, dulce, amargo y ácido. Están en distintas partes de la lengua.

El olor de las cosas también te ayuda a saborearlas. Trata de tapar tu nariz mientras comes. ¿Le sientes el gusto a tu comida?

Coloca un poco de sal en tu dedo. Ponla en la punta de tu lengua, luego en la parte posterior y finalmente en los costados. ¿En qué parte has notado más su sabor?

Haz lo mismo con azúcar, jugo de limón y café. ¿Puedes decir qué clase de sabor tiene cada uno de ellos? Fíjate si puedes completar un cuadro como el que mostramos abajo.

Comida	Partes de la lengua	Gusto
Sal	Atrás, a los costados	
Azúcar		Dulce
Limón		
Café		

Catadores profesionales

Algunas personas pueden reconocer los diferentes sabores más fácilmente que otras y pueden convertirse en catadores profesionales de vinos o tes.

Comidas que son malas

Si sólo ingieres tus alimentos favoritos, tu cuerpo no recibirá todos los nutrientes que necesita.

Algunos alimentos contienen muy pocas cosas beneficiosas y si comes mucho pueden causarte daño.

Cosas dulces

El azúcar es lo que hace dulces a las cosas. Es un carbohidrato. Te da energía, pero si comes mucha engordarás y tus dientes se deteriorarán.

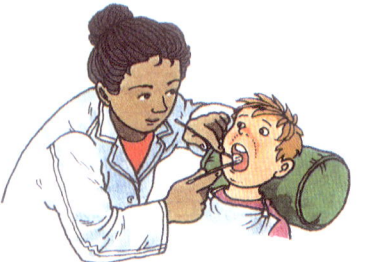

Cuantos más dulces comas, más empastes tendrá que hacer tu dentista.

Comida con grasa

Los alimentos fritos, como las hamburguesas, contienen mucha grasa. Te llenan enseguida y quizás no comas otras cosas buenas para ti.

El tener demasiada grasa es como cargar bolsas pesadas. Tu cuerpo y tu corazón tienen que trabajar más.

¿Qué es la comida "chatarra"?

La comida que contiene muy pocos ingredientes buenos y muchos de los malos se llama comida "chatarra".

Los dulces y las bebidas gaseosas son casi pura azúcar.

Los helados, los bizcochos y los batidos cremosos son mayormente grasas y azúcar.

La comida "rápida" generalmente es frita, por lo que contiene mucha grasa.

Alergia a ciertas comidas

Algunas personas se sienten mal cada vez que comen cierta clase de alimentos. Quizás tengan dolor de cabeza, una erupción o vómitos. A esto se lo llama alergia.

La comida favorita de una persona puede ser que enferme a otra.

Muchas personas son alérgicas al pescado, a los mariscos, a los huevos o a las fresas.

Problemas especiales

Los cuerpos de algunas personas no pueden almacenar azúcar, así que sólo pueden comer muy poca. Algunas necesitan inyecciones para que su cuerpo use el azúcar apropiadamente. Este problema se llama diabetes.

Otras personas no toleran el gluten, una proteína del trigo. No pueden comer cosas que contengan trigo o harina de trigo. Se dice que son celíacos.

Algunos chocolates se preparan sin azúcar, para que los diabéticos también puedan disfrutarlos.

¿Puedes adivinar qué cosas de este dibujo contienen trigo? Las respuestas están en la página 18.

Religión

Algunas personas no pueden comer ciertos alimentos porque su religión se lo prohíbe. Los musulmanes y los judíos no comen cerdo.

¿De dónde vienen los alimentos?

Casi todo lo que comes proviene de algo viviente: una planta o un animal.

Las plantas fabrican sus alimentos usando la energía solar. Los animales comen plantas u otros animales, las personas también. Esta relación se llama cadena alimentaria.

Energía del sol

La energía va del pasto a la vaca.

Tú obtienes energía de la leche de la vaca.

Los cereales son vegetales.

La carne, el queso y la leche son de origen animal.

¿Sabes de dónde provienen todos los alimentos del picnic que mostramos en esta lámina? ¿Puedes descubrir cuál es la cadena alimentaria del huevo? La respuesta está en la página 20.

18   Respuesta a la pregunta de la página 17: Todas ellas.

Personas que no comen carne

Las personas que deciden no comer nada de carne se llaman vegetarianas. A algunas no les agrada su sabor. Otras no quieren que se mate a los animales y piensan que la forma en que se los trata es cruel.

Algunas personas ni siquiera comen alguna cosa que provenga de los animales.

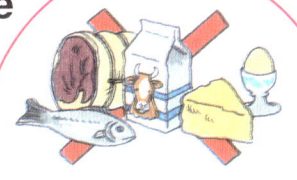

Algunos vegetarianos no comen carne, ni leche, ni huevos, ni queso.

Los vegetarianos no comen carne. Algunos tampoco comen pescado.

Las personas obtienen de la carne las proteínas que necesitan. Éstas también se encuentran en las plantas. Los vegetarianos deben ingerir suficientes proteínas.

Cómo se crían los animales

Para la mayoría de los granjeros es más importante producir muchos alimentos económicamente, que tratar bien a los animales. Y esto sucede porque la gente habitualmente compra comida barata.

Algunos granjeros dejan libres a las gallinas para que corran por su campo.

Por ejemplo, las gallinas dejan de poner huevos a la noche. Pero si se las guarda en jaulas calientes con las luces encendidas, ponen huevos durante más tiempo.

Las gallinas que se encierran en estas jaulas especiales llegan a poner 270 huevos en un año.

Las gallinas que corretean libremente sólo ponen cerca de 80 huevos, y éstos resultan más caros.

¿Hay suficiente comida?

Si todos los alimentos del mundo se distribuyeran parejamente entre todas las personas, cada una de ellas tendría suficiente comida. Pero no es así.

En las zonas ricas del mundo, como Europa, América del Norte y Australia, la mayoría de las personas consiguen abundantes alimentos. Algunas comen demasiado.

Las familias de los países ricos tienen pocos miembros, por lo que hay menos personas con quienes compartir la comida.

En las partes pobres del mundo, como África, América del Sur y el Sudeste de Asia, la gente tiene mucho menos para comer. Algunos ni siquiera consiguen lo suficiente.

Las familias de estos países son generalmente más numerosas, por lo que hay más bocas que alimentar.

Otros problemas de los países pobres

Sin lluvia, es imposible cultivar. Algunos países africanos no han recibido lluvias durante años y sus tierras de cultivo hoy son desiertos.

Si hay una guerra, las tierras de cultivo pueden ser destruidas. A menudo, los alimentos de otros países no pueden llegar, para mitigar el hambre.

Respuesta a la pregunta de la página 18: huevo - gallina - maíz.

¿Qué es la desnutrición?

La desnutrición ocurre cuando las personas
no ingieren suficientes nutrientes.
Como consecuencia, se enferman más fácilmente.

En muchos países pobres
las personas no comen
suficientes proteínas.
Éstas son especialmente
necesarias para crecer.
La mayoría de las proteínas
provienen de los animales,
que son caros de mantener.
Y mucha gente
no puede hacerlo.

¿Qué es una hambruna?

Una hambruna ocurre cuando hay tan poco
para comer que la gente muere, a menudo,
por enfermedades ocasionadas por la desnutrición.

¿Quién ayuda?

En los países ricos hay
organizaciones que envían
comida y ayuda a los
lugares donde hay
hambruna.

La comida en el futuro

Si la población del mundo
continúa creciendo,
no habrá comida para
todos. En especial
escasearán las carnes,
los pescados y los huevos.
Por eso, los científicos
están investigando para
encontrar otras clases
de alimentos, en especial
plantas con muchas
proteínas.

La soja es una planta
china que tiene
muchas proteínas.
Puede prepararse
para que tenga
apariencias y sabor
de otra comida.

Algunas algas son
ricas en proteínas.
Crecen en todo el
mundo, pero se
comen en pocos
países, por ejemplo
en Japón.

21

En el mundo

En diferentes países se comen cosas diferentes, porque cada parte del mundo tiene plantas y animales distintos.

Este mapa muestra los tres principales cultivos de las diferentes partes del mundo.

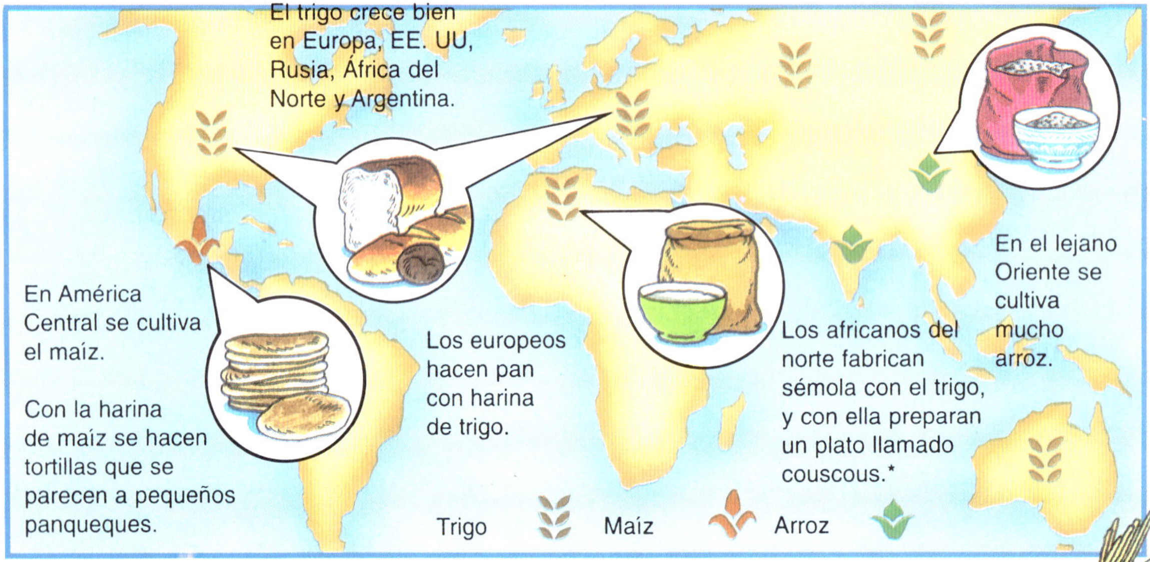

El trigo crece bien en Europa, EE. UU, Rusia, África del Norte y Argentina.

En América Central se cultiva el maíz.

Con la harina de maíz se hacen tortillas que se parecen a pequeños panqueques.

Los europeos hacen pan con harina de trigo.

Los africanos del norte fabrican sémola con el trigo, y con ella preparan un plato llamado couscous.*

En el lejano Oriente se cultiva mucho arroz.

Trigo   Maíz   Arroz

La comida que ha viajado

Muchos de los alimentos que comemos fueron encontrados primero por los exploradores.

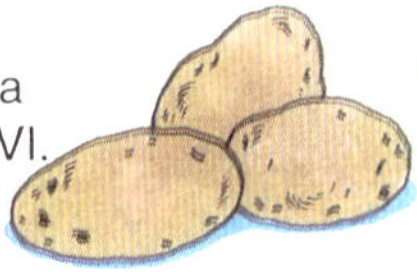

Las patatas fueron encontradas por los españoles en América del Sur, en el siglo XVI.

Los pavos también fueron encontrados por los españoles, en México.

Las especias, como la pimienta, la canela y el clavo de olor, fueron traídos desde Oriente, en la Edad Media.

Las pastas fueron traídas del lejano Oriente por el famoso explorador italiano Marco Polo.

 * Plato preparado con sémola, legumbres y carne.

Comidas "exóticas"

Las personas de otros países comen cosas que quizás tú nunca hayas probado.

En algunas partes del mundo, la gente come insectos (que contienen muchas proteínas).

En tiendas chinas, como ésta, puedes comprar escarabajos, murciélagos, serpientes y hasta los llamados "huevos de 100 años".

Los insectos son una comida común en muchas partes de África.

En México cocinan y comen saltamontes.

En Colombia se comen hormigas.

Formas de comer

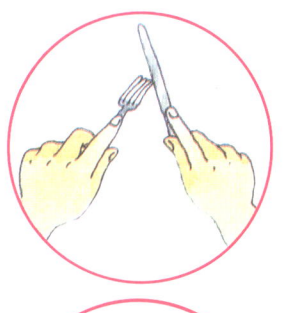

En la mayoría de los países occidentales, las personas usan tenedor y cuchillo.

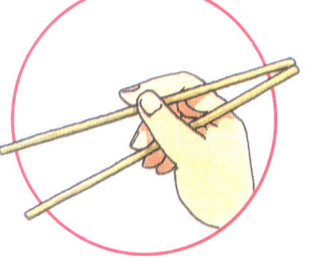

En los países del lejano Oriente, la gente usa dos palillos de madera.

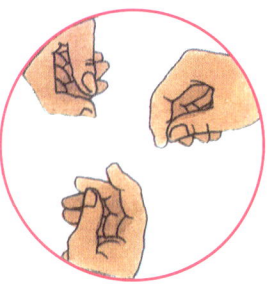

En la India, todos comen del mismo plato usando sólo la mano derecha.

Vacaciones en el extranjero

Si vas de vacaciones a otro país, observa lo que come la gente y la forma en que lo hace.

Índice

Se terminó de imprimir en el mes de octubre de 2004 en el Establecimiento Gráfico **LIBRIS S. R. L.**
MENDOZA 1523 • (B1824FJI) LANÚS OESTE • BUENOS AIRES • REPÚBLICA ARGENTINA